두둑은 당신 등 같아서

두둑은 당신 등 같아서

한유경
두 번째
시집

책나무출판사

| 시인의 말 |

오늘도
시간이 빛으로 세공되어 빛난다는 것은
기억을 햇볕에 널어놓고 하늘을 타고
출렁거리는 일이다.
나, 시의 물줄기로 가는 것
때로는 어려움과 고통이 있겠으나
물줄기가 쉼 없이 흐르는 소리가 있듯이
앞으로 길은 더 깊고 붉어질 것인가?
꽃이 피어 길가에 웃고 있듯이

2024년 11월

한유경

| 목차 |

시인의 말 · 5

1부

가을 산 · 11 / 이불 움켜쥔 가을 · 12 / 낙타 · 13 / 두둑은 당신 등 같아서 · 14 /
둥글어진다는 것 · 16 / 말과 장미 · 17 / 감나무와 달 · 18 /
세공 · 19 / 낙엽 · 20 / 수도암 돌탑 · 21 / 구독 중인 책 · 22 /
재봉틀 · 23 / 포쇄 · 24 / 빈들 · 26 / 석 달 열 흘 밤 낮 · 27

2부

어머니와 어머니의 어머니 · 31 / 녹두죽 · 32 / 제비꽃 · 33 /
브래지어 · 34 / 곶감을 걸며 · 35 / 빨간 구두 · 36 / 선 · 37 /
창을 닦다 · 38 / 파종 · 39 / 빈집 · 40 / 석류 · 42 / 이별 · 43 /
손가락이 자란다 · 44 / 아름다운 부패 · 45 / 선거 · 46 / 초행길 · 47

3부

아기별꽃·51/봄의 율·52/봄 단비·53/애기동백 ·54/
꽃무늬 원피스·55/소풍 가자·56/동백섬으로 가자 ·57/
섬진강 매화·58/고매·59/봄까치꽃·60/다시 쓰는 봄·61/
후리지아·62/사랑의 미학·63/카메라1·64/카메라2·65

4부

당신이 기타를 칠 때·69/유산·70/건너간다·71/
세 평의 꽃밭·72/들꽃성·73/부부송·74/줌인 혹은 줌아웃·75/
발아·76/어차피 완행버스·78/피아노 동백·79/
이팝꽃 피는 무렵이면 ·80/사과꽃·81/물드는 일·82/
선로 위의 연인·83/도마·84/호수·85/화이트 크리스마스·86

|**시평**| 삶과 세계를 질문하는 이미지들, 시인 김남규·91

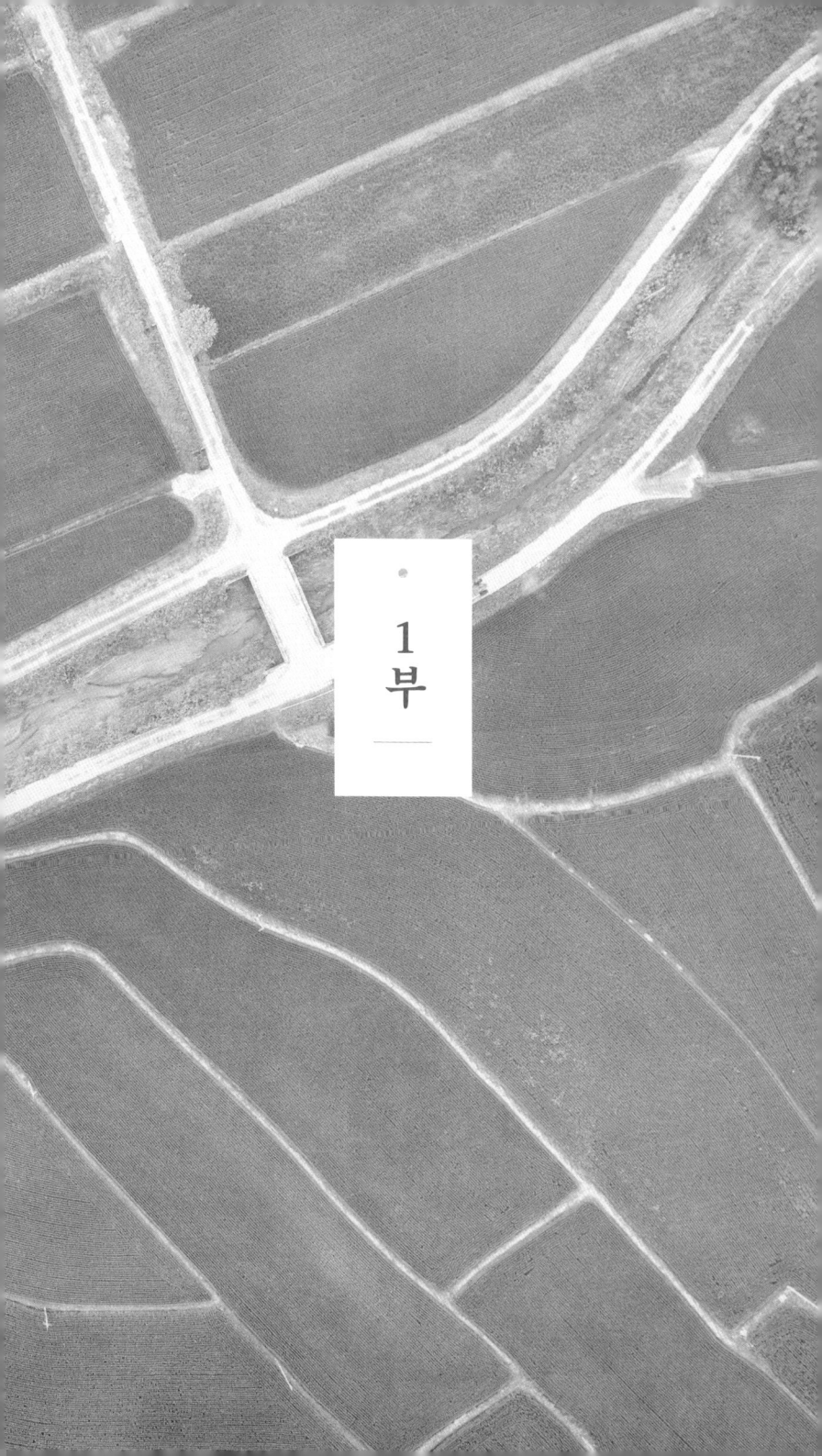

1부

가을 산

한 시인이 가을 산에 오른다
해마다 오르지만
길눈이 어둡다
여기가 저기 같고 저기가 여기 같다
보물찾기하듯 시어까지 줍느라 뒤처지는데

건성으로 다녀도
늘 먹을 만큼 주는 가을 산
다음 사람도 따다 자시라고
조금 남겨두는 가을 산
비울수록 드러나는 가을 산
하늘도 쉬어가는 가을 산
바람 한 가닥으로도
숲 향기 허락하는 가을 산

이불 움켜쥔 가을

누구의 피일까
붉은 완장이다
온 산하를 점령했다

생과 사
죽은 생명 위에
다시 돋아나는 생명
낙엽은
삶과 죽음을 함께 덮은 이불 같아서

붉게 덮은 세상
구름의 흰색이 힘을 더 쓸 때

빠르게 땅이 식을 때
낙엽을 걷어가는 바람에
이불을 움켜쥔 가을

우리도 함께 쌀쌀해지는 날이다
단풍에 드는 일이 그렇다

낙타

이젠 무거운 짐 그만 내려놓을
만도 하련만

저물녘 주운 종이 박스를 싣고
고단한 하루를 등에 얹은 채
끌고 가는지 끌려가는지
노인은 차가운 도로를 간다

흔들리는 발끝마다
어둠이 묻어나고
길 위에 남은 그림자
묵묵히 사막을 건너는 낙타처럼

언제쯤 어디메쯤
그 짐 내려놓을까
한숨 같은 바람만
그의 굽은 등 뒤로 흩어진다

두둑은 당신 등 같아서

금가루 입힌 만추의 사포마을*
고개 숙인 벼 이삭보다
허리 더 휜 노인이 더딘 걸음을 걷는다

굽은 등 너머 들국 흐드러진 산
물밑 조약돌 건져 올리듯
햇살 비낀 사금파리로 부서지는 샛강이 흐르고

굴뚝 연기 모락모락 피어나는 너와 지붕
마당에 널어놓은 가을
해설겆이*하는 어머니 바쁜 모습 떠오른다

어머니 고봉밥 담듯 호미로 흙을 긁어모아
두둑을 지어 밭을 가꾸고
여린 파 모종엔 두둑을 성벽처럼 쌓으시면서

두둑 짓는 일은 기댈 언덕을 짓는 일인지
사랑 하나 믿고 시집간다고 우겼을 때
소도 비빌 언덕이 있어야 한다던 어머니

두둑은 당신 등과 같아서
가끔은 말없이 기대고 싶다

* **사포마을** 구례에 있는 다랑이논 보존 마을.
* **해설걷이** 해가 지거나 해지기 전에 햇볕에 말린 곡식을 밤이슬 맞지 않도록 거둬들이는 일.

둥글어진다는 것

김장을 하기 위해 깨를 일어 솥에 쏟는다
물기를 머금은 채 각을 세우고
면을 이루어 바닥에 납작하게 붙은 깨알들
빠르게 나무 주걱을 젓노라면

물보라 일으키며 남해가 밀려왔다 밀려가고
서로 몸을 부딪치며
차르르 차르르 쏴아 차르르 차르르 쏴아
깨들도 둥글어지기 위해 작은 몸을 구른다

둥글어진다는 것은
각을 지우고 부드러운 선으로 흐르는 일
모든 것과 잘 어우러진다는 것이다
산과 들, 마을을 에둘러 흐르는 강
풍경을 이룬다

깨를 볶으며 내 안 모서리 깎아내면서
푸근히 포옹하는 따뜻한 곡선이 된다

말과 장미

말에 가슴을 찔렸다
하도 아리고 아파서
손가락에 든 가시인 양
바늘로 후벼파는데
문신처럼
장미 한 송이 핀다

말도 장미를 닮았나 보다
향기 혹은 가시

감나무와 달

어둠이 노을마저 밀어내는 저녁
감나무는 성냥개비를
줄기 여기저기 꽂아두었다
달을 긁어내면 불이 붙을까

불 꺼진 집에
들어간다는 것
혼자 불을 켤 때
얼마나 불은 차고 쓸쓸한가

누군가의 밤길을 위해
성냥처럼 기다리는 감나무
달은 곧
성냥 머리에 닿을 것이다

세공

가락지 한 쌍 팔고 오는데
가슴에 별 하나 빠지는 듯
휑한 바람 소리가 들린다

캄캄한 지하 단칸방 깊숙한
장롱 서랍에서도 뜨는
은하계 유난히 반짝이는 별이었고

허술하기 짝이 없는 산동네 냉골 방
부싯돌 체온으로 지핀 불씨마냥
보는 것만으로도 따뜻했느데

어렵사리 장만한 새 아파트
분양금에 보태고 이사 드는 날
예물 반지 끼운 듯 모든 게 눈부셨던

원석인 누군가와 누군가의
원석으로 살아온 삶의 시간들이
빛으로 세공되어 빛난다

낙엽

저 멀리 우주에서

페시미즘

하나

떨어진다

노을도

끌고 왔다

수도암 돌탑

발길에 걷어차이는 게 흔하디흔한
돌이라고 말하지 마라

그도 갈고 다듬고 잘 쓰이기만 하면
따뜻이 등 기대고
발 뻗고 쉴 수 있는 집의 벽이 되고

개천을 사이에 두고 둘인 너와 나
하나로 잇는 징검다리 되리니

천년의 도량 수도암 너럭바위 돌탑 위
간절한 염원 담아 돌 하나 올리고
허물어지지 않을 너와의 수평을 맞춘다

구독 중인 책

수만 권 구독 중입니다
서점이나 도서관에 없는 책입니다

모두가 볼 수 있지만
나만 읽을 수 있는 책입니다

깨를 털면서
무화과를 따면서
고추를 말리면서
햇살 한 줌 바람 한 줄 빗방울 하나를 봅니다

어제 본 문장이
오늘은 가을로 옵니다

꽃씨가
꼭 활자 같습니다

재봉틀

덜컥 덜컥 오래된 발바닥이 길을 낸다
한 땀마다 기억을 꿰매는 바늘
천 위에 얹힌 손길이 소리없이 돌아가고
시간은 천천히 실밥에 얹혀둔다

아침 햇살을 묶어내는 따스한 손끝
밤의 속삭임이 섞여들어
나직히 흐르는 바퀴 소리 속
그리움은 여전히 물레를 돈다

오래전 당신의 손길이 새겨진
옷자락처럼 실로 이어지고
당신을 향한 기억에 나는 여전히 돌고 있다

포쇄

층층이 쌓인 고서들
마당 덕석 위에 펼친다
오늘이 포쇄하는 날이다
할머니는

숱한 지문으로 닳은 가방과 멈춘 시계
눈길을 사로잡은 장신구와 구리 엽전
신비한 양단 주머니까지
묵은 먼지를 털어낸다
몇백 년의 밤까지
어둠 같은 습기까지

느닷없이 한밤중에 끌려가
싸늘한 주검으로 찾아온 아들
핏물로 넘친 피아골 슬픈 하루까지
동경 유학에서 돌아와
책을 읽고 붓을 든 선비 모습까지
미루나무 신작로를 따라
5리길 하굣길에 비 맞은 날이면
아궁이 불에 책과 공책을 말리던 날까지

할머니는
기억을 햇볕에 널어놓고 바람을 쐰다
언젠가
나도 그럴 것이다

***포쇄** 습기로 부식을 막기 위해 볕에 쬐고 바람 쐬어 말리는 일.

빈들

먼 지평선을 향해 날아가는 철새들
시야에서 까마득히 사라지고 나서야
지금 휴경기입니다
마른 들풀로 쓰고
고독을 기다린다

하루 낮 이틀 밤 하루 낮 이틀 밤
빈 들은 더디게 흐를 것이다

곧 바빠질
농번의 생각도 빈 들처럼 비워보지만
전투병의 기세로 휩쓸고 갈 트랙터는
바퀴자국으로 빈 들을 가득 메울 것이다

빈 들을 가만히 두는 일
나를 가만히 두는 일

석달열흘밤낮

하냥 그리움으로 달려가기도 하지만
모래사막 걸어서라도 너에게 간다
기다려 줄래? 내가 먼저 다가갈게
천개의 향나무 숲들도 빛을 향해 걷는다

2부

어머니와 어머니의 어머니

격자무늬 들창으로 들어오는
허공에 길을 닦으며
그물을 펼치고 있는 거미 한 마리

행여 끊길지 모를 줄을 맺고
얽히고설킨 줄을 푼다
출항 전 어부의 손길 같다

지난밤 사슴 이름으로 관을 쓴
긴뿔사슴벌레 사라진 숲을 떠올려본다

동지섣달 긴긴밤
물레를 돌리고 베를 짜신
어머니와 어머니의 어머니

창호지에
베틀노래가 스며 있는지
바람 불 때마다
베틀이 삐걱인다

녹두죽

하도 자잘한 알갱이
톡톡
튀어
어디로 숨을지 몰라
소쿠리 받치고 조심스럽게 따서
아주 멀리 있는 당신에게
꽃씨처럼 귀한 당신에게
체에 걸러 죽을 끓여
그리움으로 중독된 나를 해독(解毒)해 본다
나지막이 이름 불러도 출렁거리는
뜨거운 가슴
잠시라도 진정시킬 수 있다면

제비꽃

　마흔 훌쩍 넘긴 어머니가 가까스로 순산한 막내 여동생 닮은 만지면 으스러질 듯 작은 제비꽃 그늘진 골목 보랏빛으로 출렁이고 봄 길을 여는 너를 몸 동그랗게 말고 들여다보며 풀 한 포기도 살기 힘들 것 같은 콘크리트 바닥도 풀잎 이슬 머금은 너로 젖는다 바람이 기타 줄을 튕기듯 가냘픈 꽃대를 흔들 때 수많은 바위틈을 지나 낮은 곳으로 흐르며 작은 곳에서 시작하는 울림 같은 제비꽃

브래지어

두 개의 꽃봉오리 감싸안은
하얀 구름

구름 걷히자
우뚝 솟은 산은
강으로 무너지고

강은 다시
산의 산으로 흘러갈 것이다

어머니

곶감을 걸며

결국은
까맣게 잊겠지만
나는
오래오래
당신 곁에 있을 겁니다
침이 고이도록요

빨간 구두

헤진 운동화를 벗어놓고
빨간 구두 신는 날은
꼭
비가 오거나
설레는 약속이 있는 날

골목을 휘돌아
사거리 지나
땅을 똑똑 짚고 가는 날
빗물의 동심원 가운데를
콕콕 찍고 가는 날

발등에도 동백이 피는지
자꾸만 흘깃거리게 되는
그런 날

선(線)

파란 하늘에 밑줄 하나 긋고
시작과 끝을 생각합니다
또 하나의 선을 나란히 그어봅니다
교차하지 못하게
누가 그랬을까요
먼 행성 이름처럼 어렵고
강 건너 가로등처럼 아득한데
언제 만날 수 있을까요
평행을 유지하는 일도
교차하기 위해 달려가는 일도
선 하나의 일부터 시작합니다

창을 닦다

비가 오는 날은
창문 닦기 좋은 날

마른걸레 들고
지난 달력처럼
구겨진 듯 웅크려 있는
유리창 한 장 크기 나를 펼치고

위로 아래로 양옆으로
마른 나뭇가지 물오르듯
금방이라도 물결이 흐를 것 같은
창이 내가 되고 내가 창이 되는 날

몇 겹 가벼워진 구름 같아
대지를 박음질하는 햇볕 같아

닦을수록 환해지는 봄

파종

저무는 가을 들녘
흙의 부드러운 가슴을 열자
마늘 한 알 천년의 기억이 스며들고
잠든 땅 속에서 새벽 별이 깨어난다

대지의 숨결 햇살에 반짝이며
두둑마다 노래를 짓고
봄이 오면 약속처럼
푸른 깃발 펄럭이리라

칼바람 생장점 후빌수록 깊이 뿌리 내려
겨울을 품고도 잃지 않는 생명
사랑은 한 알의 씨앗에서 시작되어
누군가의 손길로 이어지는 새로운 희망

빈집

누군가 마음을 놓고 갔네
언제 또 돌아올지 몰라서
꼭 돌아오고 싶어서

뜰방 위
나란히 벗어놓고 간 신발
햇살이 발을 넣어 신어보네

기둥에 대충 걸어놓고 간
낡은 스웨터
거미가 와서 집을 보수하네

가계부도 놓고 갔네
정리가 끝나지 않은 모양이네

소문에 의하면
요양원에 갔다 하고

멈춘 일달력과
쌓인 우편물

빈집을 채우고 있네

석류

너를 생각한다

타오르는
붉은 심장
터질 듯
부푼 가슴
빠개질 듯한
고통

더 붉어질 것이다

이별

너를 가슴에 묻고
실상사에 초 두 자루 올리고
집으로 돌아오는 길

뭐라고 말이라도 붙이면
왈칵 쏟아질 것 같아
백미러를 보지 못하는 눈

그날따라
왜 그렇게 을씨년스러운지
말없이 손을 포개 잡는다

남은 우리 둘
견디는 방식으로 살아가겠지만

잃었다는 말이
차마 입에 떨어지지 않는 날

며칠 더 울 것이다
그래도 된다

손가락이 자란다

생각에 생각이 자라고 있습니다
다시,
은목서 가지에 손톱달이 걸려 있습니다
그날 아침,
은빛 물살 가로질러 포구로 회항하는 당신에게
갈치조림용 감자를 깎다가
순식간,
손가락 반 마디 지문과 떨어진 손톱달 하나
멸균 가제로 감싼 채 방수밴드 붙이고
달이 차고 기우는 내내
손가락은 자라고 있었어요
그리움처럼,
새끼손가락 걸고 약속이나 한 듯이
꽃 한 송이 부푸는 봄날
손톱달은
뜰 것입니다

아름다운 부패

누가 누가 놓고 그냥 갔을까
깊은 산속 칠 부 능선 위
잔뜩 구겨진 채 검불로 반쯤 가려진 빈 깡통

연신 바람은 싸리비질을 하고
햇살은 퍼즐을 맞춰
이력을 더듬느라 볼록렌즈로 들여다보는데

시원하게 톡 쏘는 맛의 명성
63빌딩보다 더 높게 물방울이 치솟고
항상 음료코너 한복판을 독차지하건만

바닷가 모래밭에 폐선처럼
비스듬히 누워 화려한 생을 내려놓는다
한 줌 흙이 되고 싶어 아름다운 부패를 꿈꾼다

선거

마음만은 하나여야 한다는 하나가
이름 아래 꽃씨 한 톨 심는다
참 잘해오셨습니다
꼭 잘하실 거라 믿습니다
봄눈 녹듯 상처 뚫고
발아한 햇것의 봄들이
부드럽게 경계를 지우며
온 우주를 품는다

초행길

더 설레고 갈 길 멀다
은하의 궤도를 일탈한 유성마냥
길을 잃고 헤매일까 두렵기도 하지만

빛의 성지를 찾아가는 순례자처럼
계단식 절벽을 위태롭게 오르고
등고선식 길 닦으며 미지의 길을 간다

어두운 흔적을 하얗게 지우며 간다
지난 일 곱게 접으며 간다

3부

아기별꽃

하늘에서
이슬로
내려온
아기별
꽃이
되었다지
꽃 속에
별이
박혔다지

봄의 율(律)

그대 떠난 지난밤
작은 화분 속에서
지독한 외로움보다
오래 사무친 정이
더 무섭다
방 한 켠 볕을 내주던
따뜻한 가슴 부드러운 눈길을
기억할 것이다
겨우내를 버텨낼 것이다
천지를 구를
봄의 율(律)을 기다릴 것이다

봄 단비

핏기 서린 부리
본능으로
허공을 쪼아대고

회색으로 빚은 구름
비를 만들어
새싹에게
젖을 물린다

많이 먹고
쑥쑥 크려무나
어둠 실라
빛으로 온
봄아
초유 같은
봄아

애기동백

도드라진 입술 내밀며
몰래 립스틱 덧칠한 딸아이
초경 중이다

요 홑청을 적시듯
촉촉이 배어드는 꽃물
꽃이 지고 또 꽃이 핀다

생살 찢는 고통으로
여자가 되는 봄
봄빛마저 붉다

꽃무늬 원피스

장롱 속 새뜩한 원피스
꺼내 입으려다
물을 엎질렀다

비에 젖어 드러난 실루엣처럼
몽울몽울 피어나는
살결 혹은 무늬

이순의 봄
저토록 화려한 꽃으로
기쁘게 피어날 수 있으려나

겨우내라는 말을
겨우 벗어내는
봄날

소풍 가자

벚꽃 첫눈마냥 쏟아지는 날
라일락 꽃 타래 풀어 향기 날리는 날
호숫가 물안개 피어오르는 날
살찐 언덕을 가진 초원에 가는 날
가시덤불도 도깨비풀도 좋아
허밍이 절로 나오는 날
그대가 안아주면 되는 날

동백섬으로 가자

지금이야 라고 말하면
나중에 라고 말하는 당신
오늘은 꼭
동백섬에 가자
동백의 계절처럼
우리의 계절도
오늘이 마지막인데

뭍으로 가는
마지막 배를
손잡고 보는 날이 오기 전에

동백섬으로 가자

섬진강 매화

남녘에서
몰려오는 바람
마른 풀섶 헤적이다
모래톱에서 사뿐히 눕고

구름 속을 들락이는 낮달
섬진강에 빠져
노 저어 가는 날

뜨거운 연서
강물에 풀어내고
꽃이 된 봄은
피고 또 피고

고매

고목에 핀 매화꽃을 보면
긴 삼동 보내고
귀인으로 오신
당신 생각에
잠 못 이룹니다

고목에 핀 매화꽃을 보면
긴 삼동 지내고
기다리는 마음은
꽃망울을
맺게 합니다

천지간
향기는 흐르고
꽃은 필 것입니다

봄까치꽃

개복숭아 꽃빛처럼
고운 봄의 사람
어젯밤 꿈에 봤단다

오늘 행간까지 걸어 나온 너
아침부터 설렜단다

하도 작아 엎드려 들여다보면
어찌나 앙증스럽고 눈부신지

햇병아리 적 내 모습도 그랬을까
한 쪽 눈 질근 감고
조리개 조이는데

까치 한 마리 봄 햇살 물고 파닥인다
기쁜 소식
전하려는 듯

다시 쓰는 봄

드라이클리닝 맡기러 가는 날
아내가 잠바 속주머니서 꺼낸
검정 비닐봉지 하나

오다가다 공원 산책길에서
만난 흔한 꽃이지만
몇 번이나 이름 불러주며
받아온 꽃씨 한 줌

상토를 채워 심고
아침 햇살 산란하는
베란다 창가에 놓아둔 채
한참 지나 문득 바라본 날

적요의 침묵을 찢고
밀어 올린 봄 봄 봄
동장군의 기세에 눌릴수록
깊숙이 뿌리를 내리꽂는다

후리지아

천지간 채도가 끝까지 오르면
하루해도 샛노래집니다

더 모일 수 없을 때까지
봄 얼굴을 모아보겠습니다

단순하게
끝까지 노란색
노란색의 끝을 노란색입니다

당신 덕분에
봄이
한 다발입니다

사랑의 미학

우리 인연 아름다운 이유는
만나면 조금은 부족한 듯 아쉬운 순간
긴 여운의 노을처럼 접기 때문입니다

마치 적당한 때 비우는 가을마냥
다음 만남을 위한 배려이기에
오늘 보내고 내일 기다리는 당신

억겁의 세월 지나 인연의 윤회
수없이 되풀이되어도
또 그리워하고 사랑하기 위함입니다

카메라 1

네 눈 속에 돋은 별 담기 위해
초점을 맞추고 밀고 당기고 들여다보면
가까운 듯 먼 듯 느껴지는 그대
찰나의 순간 순간을 담아 영원으로 잇는다

카메라 2

네 눈을 통해 바라보는 모든 것
별이다 꽃이다 설레임의 그대더라
빨간 리본 장식 햇살로 곱게 싸서 간직한
다시 펼쳐보고픈 하얀 그리움이다

4부

당신이 기타를 칠 때

풀잎에 둥글게 모이는
선율처럼 잔잔하게
양철 지붕 위에 쏟아지는
불협화음처럼 강렬하게
손끝 떨림에서
피어나는 장미꽃은
온몸의 혈관을 타고
심장을 지날 거야
천지도 감동할 거야

유산

사랑이 죄입니다
고해성사할 겁니다

목소리는 떨리고
가라앉는다
침몰하는 선미(船尾)처럼 천천히

사랑과 눈물
감성과 이성
지킬 것과 간직할 것

경계가 경계를 만든다

채 피우지도 못한
꽃 한 송이
각혈처럼 가슴에서 떨어진다
양지에 고이고이 묻어야겠다

건너간다

남자는

줄을 던져 고정하고
급류에 갇힌 사람들을 향해
건너간다

밤보다 더 캄캄한 물속으로
뒤도 보지 않고
건너간다

무사히 다 구조하였으나
끊어진 줄로 저 세상으로
건너간다

의용소방관이라 들었다
지금도 누군가는
생을 걸고
건너간다

세 평의 꽃밭

오늘 아침엔 수도꼭지 틀어
꽃씨를 뿌리듯 머리에 물을 줬더니
햇살에 반사된 물방울들이
흩어지며 무지개가 되었어요

내 머리는 세 평의 꽃밭
라일락 수국 옥잠화가 피었다 지고
계절이 깊어지면 국화가 피고
밤마다 별들은
머리 위에 별자리를 새깁니다

꽃잎을 앗아가는 얄미운 바람
부드럽게 지나가도록
꽃밭을 가지런히 다듬을게요
더러 무성하게 웃자란 것들
키를 맞출게요

내 머리는 세 평의 꽃밭
작은 꽃 詩 하나
무사히 떨어지길 기도할게요

들꽃성

누군가 성을 쌓아주었다
여기 깃발들이 있어요
숲속으로 가는 길목
수없이 드나들던 바람도
천천히 돌아갑니다
굳이,
에움길로 말입니다

부부송

신랑과 각시로 살면서
티격태격 싸워도
돌아누워 벽이 되진 않을 것이다

직선만 고집하던 사람
무릎을 구부려 곡선을 짓고
곡선만 빚던 사람
허리를 펴서 직선과 만나면
어느새 같이 가는 선분

세상에서 가장 부드러운 선을 긋는다

어깨 나란히 기대는 날
햇살도 가만히 내려앉는 날

줌인 혹은 줌아웃

뒤꿈치 들고 올려다봐야만
나를 눈에 담을 수 있는 당신
오늘은 내가 당신 앞에 엎드려
눈높이를 맞추며 당신을 담습니다
가끔 혼자인 듯 멀게 느껴지는
둘만의 사이도 좁혀가는 중입니다

발아

나를 시곗바늘 반대 방향으로
삼 분의 일쯤 돌려 봅니다
운동장에서 오재미를 들고
커다란 박을 터트리는 순간
꽃씨들의 웃음소리가 쏟아지고
나는 물오른 듯
부풀어 오르겠죠

그거 아세요
스스로 가둔 어둠은
은밀한 자궁 속처럼
포근하고 따뜻하지만
혼자라는 외로움에 뒤척인다는 걸
검은 보자기를
콩나물시루에 씌운 것 같았어요

노란 페인트 엎지른 봄
상상만 해도 들뜨고
겨드랑이 가려워요
어디든

뚫고 올라가고 싶어요

어차피 완행버스

어차피
비도 오는데 천천히 돌아서 가자
직행버스가 지나친 오일장에 들러
봄을 캐서 펼쳐놓은 아지매
갯비린내와 낭만을 펼쳐놓은 아재
강아지도 보고
묘목도 보고
직행으로 달려오느라 못 봤던
구례 쌍계사 십 리 벚꽃길까지
빗물로 번진 차창은
마치 화첩 같아서
한 장 한 장 넘기며
별다방도 보이고
장미미장원도 보이고
섬진강슈퍼도 보인다
칠불사를 지나
버스로 갈 수 없는 길까지
어차피
끝도 없는데 천천히 돌아서 가자

피아노 동백

너에겐 피아노가 어울리지
바람의 손가락으로
건반을 누를 때마다
댕강댕강 꺾여
쏟아내는 음표 음표들
장독대가 피아노 페달이라도 되는지
야상곡을 들으며
잠들거나 달콤한 꿈을 꾸는지
새로운 아침을 열기도 하면서
마지막까지 붉게 붉게 피는 꽃

이팝꽃 피는 무렵이면

저 멀리 봄의 역을 지나는 서울행
기차 시간 다가오고
속내를 감추려 웃음 지어도
하염없이 쏟아지는 비
슬픈 이별을 예감한 눈물이었을까

그리움의 허기를 달래듯
이팝꽃들 밥 한 그릇씩 내놓고
마주 앉은 그날처럼
하얗게 바람에 무너앉는 꽃꽃

혼자 돌아오는 길은
언제나 멀고
노을이 뒤를 보듯
가다 서다
가다 서다
등 뒤를 본다

사과꽃

아스팔트 열기가 올라오는 한낮
작열하는 태양을 이고 서서
오지 않는 사람을 기다리며
사과꽃을 생각합니다

사과꽃을 솎아내고
꽃의 눈을 가리면
심장처럼 붉은 사과가 열릴 텐데
숲이 하나 만들어질 텐데

마음이 꼭 사과꽃 같았어요
솎아내야 할지
멀리서 지켜봐야 할지

열매가
꼭
필요한 건 아니니까요

물드는 일

땀에 물든 리넨 원피스
지루한 여름이었다

곱게 물든 가을 한 장
농축된 바다 한 소금
나무젓가락으로 노를 젓는다

물드는 일을 생각한다
젖어야 물이 드는구나 하는 생각

구겨진 여름
물들었던 여름
가을에 잘 말릴 것이다

선로 위의 연인

마음까지 실린 몸 무너질 듯
자꾸만 서로에게 쏠리면

무너짐도 다 자기 탓이라며
기우는 쪽 중심두고 휘어져

둘이 균형을 맞추며 걷는다
멀리 보고 푸른 오월로 길을 연다

도마

손끝에 닿는 감촉의 결을 따라
눈에 보이는 이야기가 흐른다

단단히 쌓아온 시간 속에
숱한 상처와 고요가 새겨져 있어

묵묵히 깊이를 지닌 채
말없이 품어내는 온기가 되고

그 결에 살포시 기대어 보면
내 맘 안으로 다듬어진 결이 된다

호수

잔잔한 수면 위로 번지는
그리움의 물결 일렁인다

바람 속삭이듯 추억 띄우고
지평선 너머 퍼져가는
우리들의 물빛 이야기

꽃들의 반영 가슴 적시고
고요함 속에 숨긴
나만의 비밀 하나 만들고 싶어

네 눈 속에 빠져들고 싶다
내 안에 널 담기위해
더 깊어지고 잔잔해져야겠다

화이트 크리스마스

바람 불면
하얀 목화송이
하늘에 올라
부푼 꽃구름 된다시며

산안개 자욱한 산까끔길
잰걸음으로 오른 목화밭
가을을 가득 담아오신 어머니

동지섣달
춥고 그리운 밤
손수 지어주신
원앙금침 이부자리 덮고 누우면

목화솜 같은 함박눈
지상을 솜틀고 있다

화이트 크리스마스
산타로 온
엄마

시
평

삶과 세계를 질문하는 이미지들

시인 **김남규**

　예술 작품에서 시각적인 형상으로 출현하는 이미지는 기억이나 상상으로부터 촉발하지만, 시각과 유사성을 갖고 있는 다른 감각들도 이미지를 재현한다. 예컨대 후각과 청각, 미각까지도 이미지로 시각화할 수 있는데 시의 경우, 그것을 '심상(心象)'이라고 부른다. 이때, 이미지가 무슨 의미인지 사유하는 것을 '미적 체험'이라 할 때, "예술은, 그것을 예술로 보는 눈이 없이는 존재하지 않는다[1]"는 랑시에르의 지적처럼 우리는 그 이미지가 무슨 의미인지 고민해야만 그 이미지는 예술로서 가치가 있다. 만약 독자가 이미지에서 특별한 감정 혹은 감각을 느끼지 못한다면, 그 이미지는 일반의 이미지, 특별하거나 '시적인 역할'을 하지 못하는 이미지로 그칠 것이다. 따라서 우리는 이

---

1. 자크 랑시에르, 『이미지의 운명』, 김상운 역, 현실문화, 2014, 137쪽.

렇게 말할 수 있다. 이미지가 시를 끌고 가는 역량(dynamis)이자 리듬이라고 말이다. 이미지가 포획하고 있는 폭발 직전의 강렬한 에너지[2]가 시를 구성하고 구조가 되며 목적이자 수단이다.

이에 따라 "보물찾기하듯 시어까지 줍느라"(「가을 산」) 산을 오르는 한유경 시인의 이번 시집에서 우리는, 이미지가 어떻게 새로운 배치와 새로운 감각과 지각을 보여주는지 주목할 필요가 있다. 시인이 구현하고 있는 세계상 또는 생의 단면을 이미지로 확인할 수 있기 때문이다. 이때의 세계는 적어도 시인에게는 넉넉한 이미지를 제공하고 있는 듯하다. "건성으로 다녀도／ 늘 먹을 만큼 주는 가을 산／ 다음 사람도 따다 자시라고／ 조금 남겨두는 가을 산"이니, 시인과 함께 가을 산에 함께 오르는 것도 나쁘진 않겠다.

그러나 이미지는 스스로 생각하고 스스로 움직이는 것이지, 시인이 이미지의 운동 혹은 양태를 일일이 간섭하지'는' 못한다. 시인이 시를 쓰기 시작할 때, 나비가 향방 없이 날아다니듯, 뱀이 종잡을 수 없이 휘어가듯 시의 결말과 이미지는 시인을 비롯해 그 누구도 알 수 없다. 다만, 우리는 그 남겨진 흔적을 시어와 행간으로 확인할 수 있을 뿐이다. 그 흔적을 받아적는 것 그리고 이미지가 지나간 자리를 추적하는 것, 그것이 바로 시인의 역할이자 권리 아닐까. 이때의 간극이 바로 시의 긴장이자 리듬일 것이다. 이미지와 이미지 사이의 공백을 연결하려는 박자가

---

2. 질 들뢰즈, 『소진된 인간』, 이정하 역, 문학과지성사, 2013, 43쪽.

바로 리듬이니, 이때의 팽팽함이 결국 시의 성패를 결정지을 것이다. 따라서 우리는 이번 한유경의 시집에서 이미지가 어떻게 운동하며 그때의 이미지는 무엇으로부터 발원했는지 찾아볼 것이다. 이는 한유경의 시 세계이자 곧 시의 존재론이 될 것이다.

가을 : 내면 풍경으로서의 이미지

자연에 시인의 욕망을 투사하고 '내면 풍경'(가라타니 고진)으로서의 자연을 재현하고 모방하는 일은 서정시가 가장 잘하는 일이다. 시인은 자연의 특정한 풍경 또는 사물을 끌어와 정념의 공간으로 재조직한다. 이는 시인이 가장 좋아하는 일이다. 이때 재조직하는 힘이 바로 정념(pathos)인데, 이 정념을 다른 그 무엇도 아닌, 언어로 표현하는 자를 우리는 시인이라고 부르며, 그 언어를 통해 정념을 느끼고 해석하는 자를 우리는 '독자'라고 부른다. 따라서 정념은 언어로 된 이미지를 일으키고, 이미지는 시-시인과 독자의 소통을 매개한다. 이러한 이미지는 사물과 사물 간의 관계에 주목한 것이면서 동시에 시인 자신의 내면 풍경이 투여된 것이기도 하다. 이는 시인의 개성 또는 특수성이 되는 작업이라 할 수 있는데, 한유경 시인의 경우 삶에 대한 성찰이 이미지를 촉발하고 있으며, 주로 가을 관련한 작품들에서 확인해 볼 수 있다.

누구의 피일까
붉은 완장이다
온 산하를 점령했다

생과 사
죽은 생명 위에
다시 돋아나는 생명
낙엽은
삶과 죽음을 함께 덮은 이불 같아서

붉게 덮은 세상
구름의 흰색이 힘을 더 쓸 때

빠르게 땅이 식을 때
낙엽을 걷어가는 바람에
이불을 움켜쥔 가을

우리도 함께 쌀쌀해지는 날이다
단풍에 드는 일이 그렇다

—「이불 움켜쥔 가을」 전문

이 시는 마지막 행부터 거꾸로 읽으면 인과를 보다 명확히 살펴볼 수 있다. "우리도 함께 쌀쌀해지는 날"은 "단풍에 드는 일"인데, "빠르게 땅이 식을 때" "낙엽을 걷어가는 바람에" 가을은 이불을 움켜쥔다. 그렇기 때문에 "구름의 흰색이 힘을 더 쓸" 수밖에 없는 것이다. 시인은 "함께 쌀쌀해지는" 내면 풍경을, 시인의 감정을 '이불 움켜쥔 가을'로 형상화했다. "낙엽은/ 삶과 죽음을 함께 덮은 이불"이라는 전언과 함께 시인은, 온 산하를 점령하고 있는 '붉은 완장'과 '피'를 본다. 그리고 '붉은 완장'과 '피'가 시를 다시, 끌고 간다. 가을 풍경이 그저 시인의 눈에 보인 것이 아니라, 시인의 내면이 가을 풍경을 불러온 것이다. 시인의 내면이 사물과 풍경을 선행하는 것이다. "저 멀리 우주에서// 페시미즘// 하나// 떨어진다// 노을도// 끌고 왔다"(「낙엽」)는 문장도 이와 마찬가지. 시인의 페시미즘(염세주의)이 낙엽 하나와 노을을 끌고 왔다.

    어둠이 노을마저 밀어내는 저녁
    감나무는 성냥개비를
    줄기 여기저기 꽂아두었다
    달을 긁어내면 불이 붙을까

    불 꺼진 집에
    들어간다는 것
    혼자 불을 켤 때
    얼마나 불은 차고 쓸쓸한가

    누군가의 밤길을 위해

성냥처럼 기다리는 감나무
달은 곧
성냥 머리에 닿을 것이다

―「감나무와 달」 전문

시인의 내면에 감나무 한 그루가 있다. 그 감나무는 "누군가의 밤길을 위해/ 성냥처럼 기다리"고 있으며, "성냥 머리에 닿을" 달 역시 기다린다. 기다림이라는 정념 혹은 기다림의 감각이 감나무로 재현되고 있다. 시인은 안다. "불 꺼진 집에/ 들어간다는 것/ 혼자 불을 켤 때/ 얼마나 불은 차고 쓸쓸"한지 말이다. 그래서 시인은 기꺼이 성냥처럼, 불이 바로 켜질 수 있는 감나무가 되기로 한다. 그것도 "성냥개비를/ 줄기 여기저기 꽂아두"고 말이다. 본인은 타고 재로 남겠지만, 노을을 밀어냈던 어둠 가운데 잠깐이나마 빛나기로 한 시인. "어제 본 문장이/ 오늘은 가을로 옵니다"(『구독 중인 책』)라고 시인은 말한다. 적어도 시인에게 문장은 이미지가 되고, 이미지 역시 문장이 되고 있다. 모두가 다 정념 때문이다. "너를 생각한다// 타오르는/ 붉은 심장/ 터질 듯/ 부푼 가슴/ 빠개질 듯한/ 고통// 더 붉어질 것이다"(『석류』)라고 말하는 것처럼 말이다.

파란 하늘에 밑줄 하나 긋고
시작과 끝을 생각합니다
또 하나의 선을 나란히 그어봅니다

교차하지 못하게

누가 그랬을까요

먼 행성 이름처럼 어렵고

강 건너 가로등처럼 아득한데

언제 만날 수 있을까요

평행을 유지하는 일도

교차하기 위해 달려가는 일도

선 하나의 일부터 시작합니다

—「선(線)」 전문

    이번 시도 거꾸로 읽으면 보다 쉽게 시를 이해할 수 있다. 시인은 말한다. "평행을 유지하는 일도/ 교차하기 위해 달려가는 일도/ 선 하나의 일부터 시작"한다고 말이다. 평행이든 교차든 간에 선 하나로부터 시작되는 것이다. 이를테면, '평행 만날 수 없음'과 '교차 만남'의 맞짝을 이어볼 때, 결국 니 '하나선'으로부터 시작되는 것이다. 그러나 이때 만남을 방해하는 일 혹은 자는 무엇인가. 시인은 질문한다. '누가 그랬을까요?', '언제 만날 수 있을까요?'. 그러나 답이 없음을 시인은 '이미' 알고 있다. "먼 행성 이름처럼 어렵고/ 강 건너 가로등처럼 아득"할 뿐이다. 선을 긋는 일은 결국, 누군가를 만나기 위해 나아가는 일이자 기다리는 일 아닐까. 그러나, 과연 그 시도의 '시작과 끝'이 존재하긴 할까. 언제 시작했는지 모르고 언제 끝날지 모르는 일. 그것이 바로 정념 아닌가. 인간을 향한 정념이라면 그리움일 것이고, 자연을 향한 정념이라면 미학일 것이며, 신을 향한 정념이라면 신앙이 될 것이다. 따라서 그리움과 미학과 신앙은 정념이라는 맥락에서는 같은 것이라고 말해도 될 것이다.

> 먼 지평선을 향해 날아가는 철새들
> 시야에서 까마득히 사라지고 나서야
> 지금 휴경기입니다
> 마른 들풀로 쓰고
> 고독을 기다린다
>
> 하루 낮 이틀 밤 하루 낮 이틀 밤
> 빈 들은 더디게 흐를 것이다
>
> 곧 바빠질
> 농번의 생각도 빈 들처럼 비워보지만
> 전투병의 기세로 휩쓸고 갈 트랙터는
> 바큇자국으로 빈 들을 가득 메울 것이다
>
> 빈 들을 가만히 두는 일
> 나를 가만히 두는 일
>
> ―「빈들」 전문

누군가 마음을 놓고 갔네
언제 또 돌아올지 몰라서

꼭 돌아오고 싶어서

뜰방 위
나란히 벗어놓고 간 신발
햇살이 발을 넣어 신어보네

기둥에 대충 걸어놓고 간
낡은 스웨터
거미가 와서 집을 보수하네

가계부도 놓고 갔네
정리가 끝나지 않은 모양이네

소문에 의하면
요양원에 갔다 하고

멈춘 일달력과
쌓인 우편물

빈집을 채우고 있네

— 「빈집」 전문

   정념이 '꽉 차 있는 것'이라면, 이번에는 '비어 있는 것'이다. 비어-있음(empty)을 보여주는 2편의 인용시에서 알 수 있듯이, 시인 내면의 비어 있음이 '들'과 '집'을 불러왔다. 들이 열려 있는 구조라면 집은 닫혀 있는 구조인데, 시인의 마음은 들이나 집과 같아서 허전하며 비어 있다. 그러나 두 편이 지향하는 바가 다르다. 「빈들」에서는 "나를 가만히 두는 일"에 주목하는 반면, 「빈집」에서는 빈집을 채우고 있는 놓고 간 "누군가 마음"을 주목하고 있다. 전자는 휴식으로서의 비움을, 후자는 그리움으로서의 비움을 향하고 있다. "지금 휴경기입니다/ 마른 들풀로 쓰고/ 고독을 기다"리는 시인. 시인은 "바빠질/ 농번의 생각도 빈 들처럼 비워보"려 하지만, "전투병의 기세로 휩쓸고 갈 트랙터"가 "바퀴자국으로 빈 들을 가득 메울 것"을 이내 떨칠 수가 없다. 삶이, 마음은 언제나 그렇게 분주한 '농번'의 상태이기 때문이다. 들판이 농번기를 앞두고 쉬어가듯, 마음도 그렇게 쉬어갔으면 좋겠는데 말이다. 그러나 또 한편으로 시인은 "누군가 마음을 놓고" 간 것을 본다. "언제 또 돌아올지 몰라서/ 꼭 돌아오고 싶어서" 놓고 간 마음 말이다. 시인은 놓고 간 이 대신 "뜰방 위/ 나란히 벗어놓고 간 신발"과 "기둥에 대충 걸어놓고 간/ 낡은 스웨터"에 햇살과 거미를 불러 앉힌다. 빈집을 채우기 위해서다. "소문에 의하면/ 요양원에 갔다 하"지만, 알 수 없다. 시인은 온기가 있었던, '요양원'이 아니라 '집'에 있었던 삶의 흔적을 "멈춘 일달력과/ 쌓인 우편물"에서 찾는다. 빈집'만' 채우고 있는 사물들을 불러와 빈집'을' 채우려 한다. 그것이 바로 마음이고 삶이며 생의 단면 아닌가. 따뜻한 시선 혹은 마음이 빈집을 불러왔다. 안타까움도 마음이 따듯해야 성립 가능한 감정인 듯하다. 가을은 그렇게 옷깃과 마음을 여미게 한다.

겨울 : 푼크툼으로서의 이미지

그렇다면, 시의 이미지는 어떻게 시인에게 포착되는 것인가. 이는 시인의 존재론 문제이기도 하다. 시인은 '어떤' 이미지를 '무슨' 이유로 시-이미지로 보여주는가. 다시 말해 '시적인 것'은 어떻게 시인에게 오는가. 시인마다 각자의 방식과 사연이 있겠지만, 시-예술과 관련하여 이미지가 오는 방식은 롤랑 바르트의 '푼크툼(punctum)' 개념으로 설명하는 것이 일반적이다. 바르트에 따르면, 코드화된 시선에 따른 '스투디움(studium)'과 다르게 사진에서 찔리 들어오는 푼크툼은 이미지 자체 혹은 내부에서 비롯된 것이 아니라, 주체 개인적 기억에서 구성된 것이다. 바르트에 의하면, 이미지 독해는 그 대상을 응시하는 주체의 내밀한 사적인 과거-기억("그것은 존재했다"[3])에 의존한다. 그러나 이때의 푼크툼은 사뭇 공격적이다. 푼크툼은 주체의 기억에 의한 것이지만, 푼크툼은 이미 주체를 보고 있다. 주체는 푼크툼이 자신을 보고 있는 것을 본다. 이때의 응시-욕망은 바로 시 쓰기의 욕망. 시를 쓰기 위해 이미지를 보는 것인지, 이미지가 시를 쓰게 하는 것인지 선후를 따

---

3. 롤랑 바르트, 「밝은 방」, 김웅권 역, 동문선, 2006, 97쪽.

질 수 없으나, 분명한 것은 그때의 이미지는 만들어진 것 혹은 상상의 것이 아니라, 시인의 과거-기억에서 비롯된 것이라는 것이다. 그리고 이때의 기억은 대체로 한유경 시인의 겨울 관련한 작품들에서 쉽게 찾아볼 수 있다.

    가락지 한 쌍 팔고 오는데
    가슴에 별 하나 빠지는 듯
    휑한 바람 소리가 들린다

    캄캄한 지하 단칸방 깊숙한
    장롱 서랍에서도 뜨는
    은하계 유난히 반짝이는 별이었고

    허술하기 짝이 없는 산동네 냉골 방
    부싯돌 체온으로 지핀 불씨마냥
    보는 것만으로도 따뜻했는데

    어렵사리 장만한 새 아파트
    분양금에 보태고 이사 드는 날
    예물 반지 끼운 듯 모든 게 눈부셨던

    원석인 누군가와 누군가의
    원석으로 살아온 삶의 시간들이
    빛으로 세공되어 빛난다

—「세공」 전문

    푼크툼이라 할 수 있는 '가락지'가 한유경 시인을 보고 있으며, 가락지가 시인을 보는 것을 시인이 본다. 가락지에 시인의 '산동네 냉골 방' 과거가 아로새겨져 있기 때문이다. 그러니 "가슴에 별 하나 빠지는 듯/ 휑한 바람 소리가 들린다"고 말할 수밖에. 가락지와 관련한 기억이 시인을 본다. 가락지는 "캄캄한 지하 단칸방 깊숙한/ 장롱 서랍에서도 뜨는/ 은하계 유난히 반짝이는 별"이었고, "허술하기 짝이 없는 산동네 냉골 방"에서도 "부싯돌 체온으로 지핀 불씨마냥/ 보는 것만으로도 따뜻"하게 했다. 가락지는 '희망'이었기 때문이다. 그렇게 "어렵사리 장만한 새 아파트/ 분양금에 보태고 이사 드는 날/ 예물 반지 끼운 듯 모든 게 눈부셨던" 나날들이 있었다. 이제 시인은 가락지를 놓아주며 "원식인 누군가와 누군가의/ 원석으로 살아온 시간들"이 빛나는 것을 본다. 그 빛이 시인의 눈을 찔러 들어왔다. 적어도, 시인에게는 가락지는 세공된 시간들— 희망을 지켜낸 어려운 삶—을 표상한다.

    격자무늬 들창으로 들어오는
    허공에 길을 닦으며
    그물을 펼치고 있는 거미 한 마리

    행여 끊길지 모를 줄을 맺고

얽히고설킨 줄을 푼다
출항 전 어부의 손길 같다

지난밤 사슴 이름으로 관을 쓴
긴뿔사슴벌레 사라진 숲을 떠올려본다

동지섣달 긴긴밤
물레를 돌리고 베를 짜신
어머니와 어머니의 어머니

창호지에
베틀노래가 스며 있는지
바람 불 때마다
베틀이 삐걱인다

—「어머니와 어머니의 어머니」전문

 이번에는 "허공에 길을 닦으며/ 그물을 펼치고 있는" '거미 한 마리'다. "행여 끊길지 모를 줄을 맺고/ 얽히고설킨 줄을 푼다"는 거미는 마치 "출항 전 어부의 손길" 같기도 하다. 그런데 거미로부터 어부로부터 시인은, '어머니'와 '어머니의 어머니'를 본다. 거미줄 혹은 고기잡이 그물이 어머니'들'의 '베'와 같아 보이기 때문이다. "지난밤 사슴 이름으로 관을 쓴/ 긴뿔사슴벌레 사라진 숲을 떠올려" 보면서 '어머니와 어머니의 어머니'를 불러본다. 마치 신화 속

광경 같다. "두 개의 꽃봉오리 감싸안은/ 하얀 구름// 구름 걷히자/ 우뚝 솟은 산은/ 강으로 무너지고// 강은 다시/ 산의 산으로 흘러갈 것이다// 어머니"(『브래지어』)처럼 말이다. "동지섣달 긴긴밤/ 물레를 돌리고 베를 짜신/ 어머니와 어머니의 어머니"가 떠오른다. 거미 한 마리가 '어머니'와 '어머니의 어머니'를 불러온 것이다. 그러나 과거의 기억은 기억으로 끝나지 않고, 지금-여기 "창호지에/ 베틀노래가 스며 있는지/ 바람 불 때마다/ 베틀이 삐걱"이고 있으니 여성인 시인도 곧 어머니와 어머니의 어머니 가계(家系)에 속하게 될 것이다. 모두 일이 다 거미 한 마리로 시작된 것이다.

바람 불면
하얀 목화송이
하늘에 올라
부푼 꽃구름 된다시며

산안개 자욱한 산까끔길
잰걸음으로 오른 목화밭
가을을 가득 담아오신 어머니

동지섣달
춥고 그리운 밤
손수 지어주신

원앙금침 이부자리 덮고 누우면

목화솜 같은 함박눈
지상을 솜틀고 있다

화이트 크리스마스
산타로 온
엄마

— 「화이트 크리스마스」 전문

　이번에는 '함박눈'이다. 눈 내리는 화이트 크리스마스에 '산타로 온 엄마'는 "목화솜 같은 함박눈"으로 "지상을 솜틀고 있다". 그러나 '목화솜'에도 '엄마'와 관련한 사연이 있다. "바람 불면/ 하얀 목화송이"가 "하늘에 올라/ 부푼 꽃구름 된다시며" 어머니는 "산안개 자욱한 산까끔길"을 "잰걸음으로"으로 오르시며 "가을을 가득 담아오신"다. 그 가을을 모아, 꽃구름을 모아 어머니는 "동지섣달/ 춥고 높은 밤/ 손수 지어주신/ 원앙금침 이부자리"를 만들어주셨다. 물론, '원앙금침 이부자리'가 지금 있는지 없는지는 중요하지 않다. 어쩌면 어머니가 손수 만들어주신 '원앙금침 이부자리'는 실제의 이불이 아니라, 현재 시인이 있는 곳을 따뜻하게 덮고 있는 함박눈일지도 모른다. 그래서 화이트 크리스마스인 것이고, 엄마가 산타인 것이다. 모두가 다 함박눈의 일이다.

그대 떠난 지난밤

작은 화분 속에서

지독한 외로움보다

오래 사무친 정이

더 무섭다

방 한 켠 볕을 내주던

따뜻한 가슴 부드러운 눈길을

기억할 것이다

겨우내를 버텨낼 것이다

천지를 구를

봄의 율(律)을 기다릴 것이다

— 「봄의 율(律)」 전문

  그렇게 가을 다음은 언제나 겨울이고, 겨울 다음은 언제나 봄이다. "겨우내리는 말을/ 거우 벗어내는/ 봄날"(「꽃무늬 원피스」)은 오고야 만다. "그대 떠난 지난밤" "작은 화분"은 "천지를 구를/ 봄의 율(律)"을 기다린다. "지독한 외로움보다/ 오래 사무친 정"이 더 무섭기 때문이다. "방 한 켠 볕을 내주던/ 따뜻한 가슴 부드러운 눈길"을 기억한다면, 겨우내도 버틸 수 있다는 말. 결국 한유경 시인에게 있어 겨울은 "따뜻한 가슴 부드러운 눈길"을 주었던 당신 혹은 타자로 인해 버틸만한 것이고 기다릴 수 있는 것이다. "결국은/ 까맣게 잊겠지만/ 나는/ 오래오래/ 당신 곁에 있을 겁니다/ 침이 고이도록요"(「곶감을 걸며」). 따라서 시인의 눈을 찔러 들어오는 겨울-푼크툼 이미지는 봄을 향한다. 봄이 온 다음에 겨울은, 곧 지난 과거가 되기 때문이다.

다시, 봄 : 무한한 이미지

　기운생동하는 봄이 왔다. "많이 먹고/ 쑥쑥 크무나/ 어둠 살라/ 빛으로 온/ 봄아/ 초유 같은/ 봄아"(「봄 단비」). 한유경 시인에게 있어 봄은, "기억을 햇볕에 널어놓고 바람을 쐬는"(「포쇄」) 포쇄(曝曬, 습기로 부식을 막기 위해 볕에 쬐고 바람 쐬어 말리는 일)의 시간이자, "그리움으로 중독된 나를 해독(解毒)"(「녹두죽」)하는 시간이며, "마른 나뭇가지 물오르듯/ 금방이라도 물결이 흐를 것 같은/ 창이 내가 되고 내가 창이 되는 날"(「창을 닦다」)이다. 유독 봄과 관련한 시편이 이번 시집에 많다. 시인이 보기에 봄은 "생살 찢는 고통으로/ 여자가 되는 봄"(「애기동백」)이기 때문에 그런지도 모른다. 세상 만물이 가장 힘을 쓰는 날, 봄은 시인에게 많은 이미지를 선물 해주는 듯하다.
　그러나 여기서 시인이 보고 있는(시인을 보고 있는) 봄의 이미지는 단순하지 않다. 디디-위베르만에 따르면, 이미지는 사물이 아니라 행위이자 과정이며 고유한 운동성을 지닌다. 즉, 이미지는 어떤 선택의 행위이자 편집의 행위이며 이미지가 무엇인지 아는 것이 관건이 아니라, 이미지가 무엇을 하는지 아는 것이 관건이다.[4]

---

4. 조르주 디디-위베르만, 「반딧불의 잔존」, 김홍기 역, 2012, 167쪽.

디디-위베르만에 따르면, 이미지를 사유하는 것은 상상력과 같은 것이니, 한유경 시인의 봄-이미지는 상상력과 같은 것이자 시의 힘, 시의 원천일 것이다. 왜냐하면 이미지의 경험은 시간의 경험과 같은 것이기 때문이다. 과거든 미래든 간에 말이다. "이미지는 우리보다 오래 잔존할 것이며, 우리는 이미지 앞에서 미약하고 덧없는 요소이며, 이미지는 우리 앞에서 미래와 지속의 요소라는 사실을 인정해야 한다. 이미지는 대개 그것을 응시하는 존재자보다 더 많은 기억과 더 많은 미래를 지니고 있다"[5]는 지적처럼 이미지는 과거나 현재에 속한 것이 아니라 과거와 현재를 모두 아우르는 복합적인 시간이자, 과거를 향한 기억과 현재 지각이 충돌하여 사유를 발생시키는 행위인 상상력이라 할 수 있다.

> 벚꽃 첫눈마냥 쏟아지는 날
> 라일락 꽃 타래 풀어 향기 날리는 날
> 호숫가 물안개 피어오르는 날
> 살찐 언덕을 가진 초원에 가는 날
> 가시덤불도 도깨비풀도 좋아
> 허밍이 절로 나오는 날
> 그대가 안아주면 되는 날
>
> ―「소풍 가자」 전문

---

5. 조르주 디디-위베르만, 위의 책, 180쪽.

"적요의 침묵을 찢고/ 밀어 올린 봄 봄 봄"(「다시 쓰는 봄」)이 왔다. 시인에게 봄은 소풍 가는 날이나. "동백의 계절처럼/ 우리의 계절도/ 오늘이 마지막"(「동백섬으로 가자」)이니, 서둘러야 한다. 「소풍 가자」의 문장들은 시인의 현실일 수도 있고 상상력에 근거한 비-현실일 수도 있다. 그러나 현실이든 비현실이든 구분하는 것은 의미 없다. 지금 시인에게 이미지로 나타난 봄은 무척이나 아름답고 기쁨에 가득 찬 날이기 때문이다. 그러나 이 봄날에서 가장 중요한 것은 바로 '그대'. 반드시 "그대가 안아주면 되는 날"이어야 한다. 그대가 안아주지 않는다면, 벚꽃도 라일락도 물안개도 초원도 가시덤불도 도깨비풀도 허밍도 사라진다. 그대를 기다리는 시간(현재)은 그대가 오는 시간(미래)으로 완성될 것이다. "당신 덕분에/ 봄이/ 한 다발"(「후리지아」)이다.

> 생각에 생각이 자라고 있습니다
> 다시,
> 은목서 가지에 손톱달이 걸려 있습니다
> 그날 아침,
> 은빛 물살 가로질러 포구로 회항하는 당신에게
> 갈치조림용 감자를 깎다가
> 순식간,
> 손가락 반 마디 지문과 떨어진 손톱달 하나
> 멸균 가제로 감싼 채 방수밴드 붙이고
> 달이 차고 기우는 내내

손가락은 자라고 있었어요

그리움처럼,

새끼손가락 걸고 약속이나 한 듯이

꽃 한 송이 부푸는 봄날

손톱달은

뜰 것입니다

— 「손가락이 자란다」 전문

"생각에 생각이 자라고 있"다고 말하는 시인. 역시나 당신 때문이다. 시인이 갈치조림용 감자를 깎다가 다친 "손가락 반 마디 지문과 떨어진 손톱달 하나"가 "달이 차고 기우는 내내" 조금씩 자라고 있다. 그리움처럼 말이다. '생각에 생각이 자라고 있는 것'을 그리움으로 정의한 문장은 밑줄 칠만하다. "새끼손가락 걸고 약속이나 한 듯이/ 꽃 한 송이 부푸는 봄날"은 당신을 향한 생각이 자라고 자란 날이며 당신을 새끼손가락 걸고 만나기로 한 날일 것이다. 그리움은 그렇게 손가락을 자라게 할 것이고 손톱달을 밀어 올릴 것이다. 그리고 그때까지 시인의 그리움은 계속될 것이다. 따라서 그리움은, 당신이라는 미래를 선취(先取)하기 위한 끈질긴 생각이다. "긴 삼동 지내고/ 기다리는 마음은/ 꽃망울을/ 맺게"(고매)하는 것처럼 말이다.

어머니 고봉밥 담듯 호미로 흙을 긁어모아

두둑을 지어 밭을 가꾸고

  여린 파 모종엔 두둑을 성벽처럼 쌓으시면서

  두둑 짓는 일은 기댈 언덕을 짓는 일인지
  사랑 하나 믿고 시집간다고 우겼을 때
  소도 비빌 언덕이 있어야 한다던 어머니

  두둑은 당신 등과 같아서
  가끔은 말없이 기대고 싶다
—「두둑은 당신 등 같아서」 부분

 마흔 훌쩍 넘긴 어머니가 가까스로 순산한 막내 여동생 닮은 만지면 으스러질 듯 작은 제비꽃 그늘진 골목 보랏빛으로 출렁이고 봄 길을 여는 너를 몸 동그랗게 말고 들여다보며 풀 한 포기도 살기 힘들 것 같은 콘크리트 바닥도 풀잎 이슬 머금은 너로 젖는다 바람이 기타 줄을 튕기듯 가냘픈 꽃대를 흔들 때 수많은 바위틈을 지나 낮은 곳으로 흐르며 작은 곳에서 시작하는 울림 같은 제비꽃
—「제비꽃」 전문

 한유경 시인은 과거의 사건이 어떻게 현재로 되돌아와 가독성을 획득하는지 질문한다. 바로, 이미지로 말이다. 그리고 이때의 이미지는 곧 리듬이 되니, 만약 시인에게 이미지가 없다면, 시인의 눈에 찔러 들어오는 이미지가 없다면, 시는 더 이상 창작되기 어려울 것이다. 시인은 이미

지로 질문하는 사람이기 때문이다. 시인은 기억한다. "고봉밥 담듯 호미로 흙을 긁어모아/ 두둑을 지어 밭을 가꾸고/ 여린 파 모종엔 두둑을 성벽처럼 쌓으"셨고, "사랑 하나 믿고 시집간다고 우겼을 때/ 소도 비빌 언덕이 있어야 한다던" 어머니를 기억한다. 그 어머니가 성벽처럼 쌓았던 '두둑'은 결국 어머니 당신의 은유였으니, 시인은 "가끔은 말없이 기대고 싶다"고 말한다. 또한 제비꽃은 "마흔 훌쩍 넘긴 어머니가 가까스로 순산한 막내 여동생"의 은유로서, "그늘진 골목 보랏빛으로 출렁이고 봄 길을 여는 너"는 "가냘픈 꽃대를 흔들 때 수많은 바위틈을 지나 낮은 곳으로 흐르며 작은 곳에서 시작하는 울림"을 주고 있으니, 얼마나 그리운 대상인가. 그래서 시인은 앞으로도 "몸 동그랗게 말고" "풀 한 포기도 살기 힘들 것 같은 콘크리트 바닥"까지 훑어볼 것이다. 가장 낮은 곳, 가장 작은 곳에 제비꽃과 같은 시가 있기 때문이다. 따라서 한유경 시인의 과거는 늘 다시 도래하고 열려 있으며 해석학으로서의 이미지로 촉발한다. 아니, 폭발한다. 이미지가 가진 힘은 그렇게 강력하다.

> 어차피
> 비도 오는데 천천히 돌아서 가자
> 직행버스가 지나친 오일장에 들러
> 봄을 캐서 펼쳐놓은 아지매
> 갯비린내와 낭만을 펼쳐놓은 아재

강아지도 보고

묘목도 보고

직행으로 달려오느라 못 봤던

구례 쌍계사 십 리 벚꽃길까지

빗물로 번진 차창은

마치 화첩 같아서

한 장 한 장 넘기며

별다방도 보이고

장미미장원도 보이고

섬진강슈퍼도 보인다

칠불사를 지나

버스로 갈 수 없는 길까지

어차피

끝도 없는데 천천히 돌아서 가자

— 「어차피 완행버스」 전문

    어차피 완행버스. '어차피'라는 말이 눈길을 오래 붙든다. "직행버스가 지나친 오일장에 들러"서 "버스로 갈 수 없는 길까지" "끝도 없는데 천천히 돌아서 가"도 되는 완행버스. 봄이기 때문에 가능한 일이다. "뜨거운 연서/ 강물에 풀어내고/ 꽃이 된 봄은/ 피고 또 피고"(「섬진강 매화」) 하니, 봄은 이미지를 무한하게 갖고 있다. "노란 페인트 엎지른 봄/ 상상만 해도 들뜨고/ 겨드랑이 가려워요/ 어디든/ 뚫고 올라가고 싶어요"(「말아」)라는 문장에서 알 수 있듯이 봄은 시인에게 시-힘을 준다. 그리고 이미지를 보게 한다. 이때의 이미지는 우리가 잃어버린 것, 우리에게 부재하는 것을 증언[6]한다. 따라서 한유경 시인은 앞으로도 봄이 주는 이미지를 놓치지 않을 것이다. 봄의 기운 혹은 에너지가 시인에게 이미지로 오기 때문이다. 그리고 그 이미지는 시인에게 정념이 되었다. 이제, 정념을 얼마나 미학적으로 완성하는가의 문제가 남았다.

이와 같이 이미지로 삶과 세계를 질문하는 사람을 우리는 시인이라 부른다.

김남규

2008년 조선일보 신춘문예 당선. 고려대 문학박사. 가람시조문학상 신인상 외 수상. 시집 「나의 소년에게」 외, 현대시조입문서 「오늘부터 쓰시조」, 시조평론집 「리듬은 존재 저편으로」, 인문학서 「모던걸 모던보이의 경성 인문학」 외 발간. 현재 고려대, 인하대 강사, 경기대 한류문화대학원 시조창작전공 주임교수.

---

6. 조르주 디디-위베르만, 「색채 속을 걷는 사람」, 이나라 역, 현실문화연구, 2019, 165쪽.

두둑은 당신 등 같아서

초판 1쇄 발행 2024년 11월 20일

지은이 한유경

펴낸이 임병천
펴낸곳 책나무출판사
출판신고 2004년 4월 22일 (제318-00034)

주소 서울시 영등포구 신길3동 325-70 3F
전화 02-338-1228 **팩스** 0505-866-8254
홈페이지 www.booktree.info

ⓒ 한유경 2024
ISBN 978-89-6339-738-2 03810

*이 책의 판권은 지은이와 책나무출판사에 있습니다.
*양측의 서면 동의 없는 무단 전재 및 복제를 금합니다.
*잘못된 책은 바꿔드립니다.